Seite	A-Z	my name / my data
05	A	
09	B	
13	C	
17	D	
21	E	
25	F	
29	G	
33	H	
37	I	
41	J	
45	K	
49	L	
53	M	
57	N	
61	O	
65	P	
69	Q	
73	R	
77	S	
81	T	
85	U	
89	V	
93	W	
97	XYZ	

4

Renate Sueltz & Uwe H. Sueltz

TELEPHONE BOOK

ADDRESS

DIRECTORY

BoD - Books on Demand

Norderstedt 2019

Bibliografische Information durch die Deutsche Nationalbibliothek

Die Deutsche Nationalbibliothek verzeichnet diese Publikation in der Deutschen Nationalbibliografie; detaillierte bibliografische Daten sind im Internet über http://dnb.dnb.de abrufbar.

© 2019 Renate Sültz & Uwe H. Sültz

Herstellung und Verlag:

BoD – Books on Demand, Norderstedt, Germany

ISBN 9-78374-3-13934-3

7

8

10

11

14

16

17

19

20

23

24

25

26

27

29

30

35

40

43

44

45

50

53

54

55

58

60

61

62

63

67

73

74

75

80

81

82

85

86

88

90

93

94

95

97

98

99

100

102

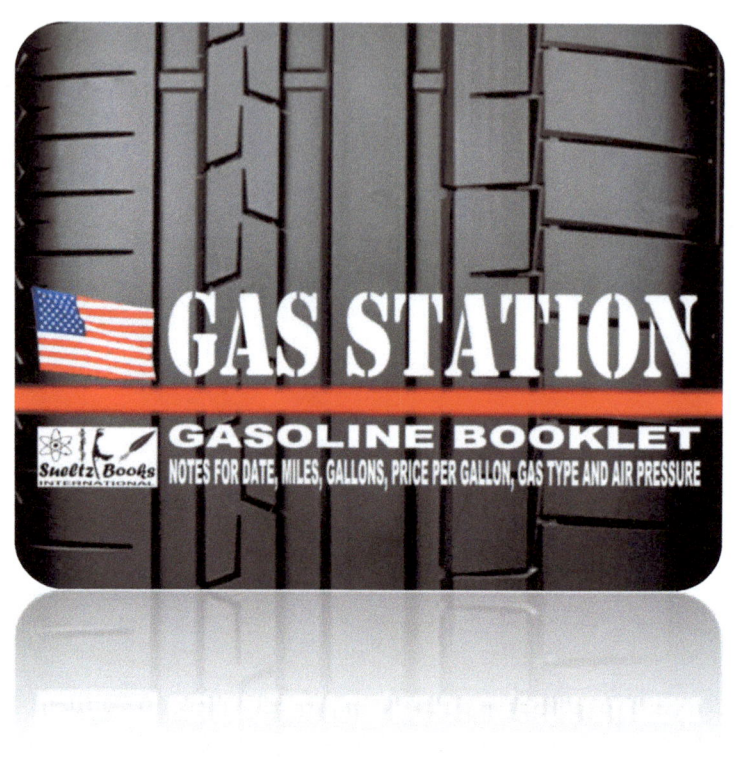

Thank you for your interest

Renate & Uwe H. Sültz